BEI GRIN MACHT SICH IHR WISSEN BEZAHLT

AF136208

- Wir veröffentlichen Ihre Hausarbeit,
  Bachelor- und Masterarbeit

- Ihr eigenes eBook und Buch -
  weltweit in allen wichtigen Shops

- Verdienen Sie an jedem Verkauf

Jetzt bei www.GRIN.com hochladen und kostenlos publizieren

Lokalisierung der Kontrolle, Emotionen und Glück in der Psychologie

Stefanie Kunath

Bibliografische Information der Deutschen Nationalbibliothek:

Die Deutsche Nationalbibliothek verzeichnet diese Publikation in der Deutschen Nationalbibliografie; detaillierte bibliografische Daten sind im Internet über http://dnb.d-nb.de abrufbar.

ISBN: 9783346617248
Dieses Buch ist auch als E-Book erhältlich.

Druck und Bindung: Books on Demand GmbH, Norderstedt Germany
Gedruckt auf säurefreiem Papier aus verantwortungsvollen Quellen

Das vorliegende Werk wurde sorgfältig erarbeitet. Dennoch übernehmen Autoren und Verlag für die Richtigkeit von Angaben, Hinweisen, Links und Ratschlägen sowie eventuelle Druckfehler keine Haftung.

Das Buch bei GRIN: https://www.grin.com/document/1183690

Einsendeaufgaben

Einsendeaufgabe Alternative B

Abgegeben am 04.05.2021

Modulverantwortlicher Hochschullehrer: Alexander Wendland

SRH Fernhochschule

Modul: Allgemeine Psychologie II

Studiengang: Bachelor Psychologie

Von

Stefanie Kunath

Studiengang: Bachelor Psychologie

Inhalt

Einsendeaufgabe Alternative B

Textteil zu Aufgabe B1

Eine Person kann sehr unterschiedliche Auffassungen darüber haben, ob die Umstände, in denen sie sich befindet, von ihr kontrolliert werden kann oder nicht. Rotter teilt diese Erwartungshaltung in zwei Kontrollorientierungen ein, welche seiner Ansicht nach situationsübergreifend vorhanden sind, ein.[1] Diese werden im Folgenden genauer dargestellt. Ist eine Person davon überzeugt, dass die Ereignisse in ihrer Umgebung unbeeinflussbar, unerklärlich und unvorhersehbar sind, dann sieht diese die Kontrolle außerhalb ihrer selbst lokalisiert.[2] Dies lässt sich mit dem Begriff „external locus of control" beschreiben. Ein Beispiel hierfür ist, wenn eine Person jedes Ereignis in ihrem Leben externen Einflüssen zuschreibt. So sieht diese Person sowohl Erfolg als auch Misserfolg als nicht von sich selbst beeinflussbar an. Die Person geht bei einer erfolgreich bestandenen Klausur von Glück und beispielsweise einem freundlichen Professor als Gründe für die erhaltene gute Note aus und nicht davon, dass die eigene Intelligenz oder engagiertes Lernen dafür verantwortlich sind. Dies führt eher zu Wut, als zu einem Empfinden von Scham oder Schuld. Zum anderen wird jedoch eine schlechte Note ebenfalls nicht als eigene Verantwortung gewertet. Die Person sieht die Schuld beim Professor, der strengen Klausur oder sonstiger externer, nicht von ihr selbst beeinflussbarer Gründe. Dies führt dazu, dass keine Scham oder Schuld empfunden wird, sondern eher Wut. Beim „internal locus of control" sucht die Person stets in sich selbst nach Gründen für die erlebten Ereignisse, wie der Begriff „internal" bereits verdeutlicht.[3] Bleibt man beim vorherigen Beispiel der benoteten Klausur, so ist es bei einer Person, welche die Kontrolle in sich selbst sieht folgendermaßen: Sie nimmt eine gute Note in einer Klausur als von sich selbst beeinflusst war. Den Grund hierfür sieht sie im konzentrierten Lernen und der stetigen Anwesenheit in den Vorlesungen. Externe Einflüsse, wie den Schwierigkeitsgrad der Klausur oder die gnädige Stimmung des korrigierenden Professors sieht sie nicht als wichtig an. Jedoch ist es bei Personen in diesem Fall auch so, dass sie bei einer schlechten Note die Begründung ebenfalls bei sich suchen und hier der eigenen

---

[1] Vgl. Beckmann/Heckhausen (2010), S. 135-136
[2] Vgl. Haußer (1995), S. 42
[3] Vgl. Haußer (1995), S. 42

Faulheit oder Abwesenheit in einer wichtigen Vorlesung oder zu großer Ablenkung die Schuld geben. Dies bedeutet, dass Erfolge zu Stolz und Glück führen, jedoch auf der anderen Seite Misserfolge größere Schuld und Scham hervorrufen.[4] Die Kontrollüberzeugung hat jedoch nicht nur Einfluss auf das Lernverhalten eines Menschen sondern kann ebenfalls großen Einfluss auf das Gesundheitsverhalten jedes Einzelnen haben. Menschen mit einem „internal locus of control" sehen sich selbst und ihr eigenes Verhalten als verantwortlich für die eigene Gesundheit an. Sie sind sich sicher, dass sie durch die richtige Vorgehensweise ihre Gesundheit unterstützen können und es in ihrer eigenen Macht steht die Gesundheit zu erhalten. Menschen mit dieser Überzeugung werden sich gesund ernähren, Sport treiben und sich darüber informieren, was gut für ihre Gesundheit ist und was schädlich wäre. Sie achten darauf, dass sie verantwortungsbewusst mit ihrer Gesundheit umgehen. Dies wirkt sich positiv auf die Gesundheit dieser Menschen aus. Konträr hierzu verhalten sich die Menschen, welche einen „external locus of control" haben. Sie sehen die anderen Menschen für ihre Gesundheit und deren Erhaltung verantwortlich. Ihrer Meinung nach können sie selbst ihren Gesundheitszustand nicht beeinflussen, sondern lediglich die Anderen und deren Handlungen sowie die mögliche medizinische Behandlung.[5] Diese Einstellung führt dazu, dass diese Menschen wenig bis gar nicht auf ihre Gesundheit und das was sie selbst dazu beitragen könnten, achten. Sie sehen sich selbst nicht in der Verantwortung und neigen deshalb eher zu gesundheitsschädlichen Handlungen. So sind sie oft Raucher, treiben wenig Sport und konsumieren häufig Alkohol. Werden sie krank, sei es nun auf Grund dieses Lebensstils, wie Lungenkrebs, Alkoholismus oder ähnliches sehen sie den Grund darin nicht in ihrem eigenen Verhalten, sondern darin, dass die anderen Menschen sie dazu veranlasst haben oder sie nicht geschützt haben. Somit kann man sagen, dass der Einfluss auf das Gesundheitsverhalten beim „internal locus of control" positiv ist und für förderliches Verhalten sorgt. Beim „external locus of control" ist jedoch das Gegenteil der Fall und die Auswirkung negativ. Das psychologische Konzept des „locus of control" befindet sich oftmals in engem Zusammenspiel mit dem Konzept der Selbstwirksamkeit. Dies birgt die Gefahr die beiden zu verwechseln oder sie zu vermischen. Sie beinhalten einige

---

[4] Vgl. Aronson/Wilson/Akert (2008), S. 495
[5] Vgl. Ulich/Wülser (2009), S. 44

Gemeinsamkeiten aber auch Unterschiede. Um die beiden Konzepte miteinander vergleichen zu können zunächst die Definition, was die Selbstwirksamkeit beinhaltet. Die Selbstwirksamkeit ist ein Konzept, welches maßgeblich von Bandura geprägt wurde. Die Selbstwirksamkeit beschreibt laut ihm die Überzeugung und die Haltung, welche ein Mensch gegenüber sich selbst hat, wie er sich selbst einschätzt die Befähigung zu haben mit Schwierigkeiten umzugehen.[6] Sie zeigt somit die Erwartung des Menschen an sich selbst auf. Laut Bandura gibt es vier Faktoren, welche einen Einfluss auf die erlebte Selbstwirksamkeit des einzelnen Menschen haben. Dies sind eigene Erfolgserlebnisse, passende Vorbilder, Ermutigung von Anderen und emotionale Aktivierung.[7] Bei dem Faktor „eigene Erfolgserlebnisse" spielt der „locus of control" eine entscheidende Rolle. So beeinflusst der „locus of control" ob Erfolgserlebnisse als selbst gemacht und selbst beeinflusst wahrgenommen oder äußeren Faktoren, wie Glück oder Zufall zugeschrieben werden. Hat der Mensch die Ansicht eines „internal locus of control" sieht er den Erfolg als von sich beeinflusst und durch sein eigenes Tun erreicht an. Somit wird der Faktor „eigene Erfolgserlebnisse" gestärkt, was sich auf ein höheres Selbstwirksamkeitsempfinden auswirkt. Das Gegenteil ist der Fall bei einem „external locus of Control". Diese Menschen sehen die „eigenen Erfolgserlebnisse" nicht als eigene an, sondern entstanden durch Zufall oder Glück. Eigene Erfolgserlebnisse sind jedoch wichtig, um eine größere Selbstwirksamkeit zu empfinden. Bei diesem Faktor kann zusammenfassend somit festgestellt werden, dass bei der Selbstwirksamkeit und des „internal locus of control" Gemeinsamkeiten bestehen, beim „external locus of control" jedoch nicht. Bei genauerer Betrachtung des zweiten wichtigen Faktors der Selbstwirksamkeit „Passende Vorbilder" spielt eine andere Person im Steigern der Selbstwirksamkeit eine wichtige Rolle. Sie orientiert sich an Handlungen ihres Vorbildes und je nachdem, wie passend dieses Vorbild gewählt ist kann dies zum Erreichen eines Ziels, neuer Fähigkeiten oder Frustration beziehungsweise niedrigerer Erfolgshandlungen führen. Die Person welche als Vorbild gewählt wird sollte etwas bereits besser beherrschen, da man die Handlungen dem des Vorbildes anpasst, wie beispielsweise das Lernen. Dies zeigt das Modell von Bandura.[8] Jedoch sollte die Person nicht so gut sein, dass die nacheifernde Person keine Möglichkeit hat es nachzumachen. Hier wird lediglich

---

[6] Vgl. Barouti (2020)
[7] Vgl. Barouti (2020)
[8] Vgl Gerrig/Zimbardo (2008), S. 225

die Selbstwirksamkeit aktiv. Der „locus of control" sieht jedoch keine Vorbilder vor. Der dritte Faktor hingegen „Ermutigung von Anderen" birgt hinwiederum Inhalte des „locus of control". Wird ein Mensch von einem Vorbild ermutigt etwas zu tun und es führt zu Erfolg ist dies ansatzweise förderlich für die Selbstwirksamkeit. Diese Wahrnehmung kann jedoch dadurch gemindert werden, dass wie beim „external locus of control" der Erfolg nicht dem eigenen Können, sondern nur der Ermutigung des Anderen zugeschrieben wird. Somit wird der Erfolg nicht als eigener Erfolg abgespeichert, sondern lediglich dadurch ermöglicht, dass das Vorbild einem ermutigend beigestanden hat. Das führt wiederum zu geringerer bis keiner Selbstwirksamkeitswahrnehmung.[9] Der vierte Faktor der die Selbstwirksamkeit, laut Bandura, beeinflusst ist die „Emotionale Aktivierung". Hierbei geht es darum, dass der Körper dem Menschen stets signalisiert, wie es ihm geht und wann er eine Pause braucht. Es beeinflusst aber auch unsere Empfindungen, die wir beim Durchführen von verschiedenen Aufgaben wahrnehmen. Dies hängt jeweils davon ab, wie man eine Aufgabe wahrnimmt. Ist es eine Aufgabe, die die Person gerne durchführt, fühlt sie sich auch körperlich wohl, empfindet sie jedoch keine Motivation kann es sein, dass sie sich müde fühlt oder Kreuzschmerzen, oder ähnliches empfindet.[10] Dieser Faktor ist wiederum, wie der Zweite, unabhängig vom „locus of control", da man die Empfindungen sowohl bei einem „internal locus of control" als auch beim „external locus of control" hat. Insgesamt kann man sagen, dass die Selbstwirksamkeit, welche das subjektive Wahrnehmen der Fähigkeit eine Situation zu meistern und Aufgaben erfolgreich zu erledigen beschreibt.[11] Dies wird in einigen Punkten unterstützt, wenn jemand einen „internal locus of control" wahrnimmt. Denn wenn ein Mensch, das Gefühl hat selbst für sein Glück verantwortlich zu sein, wirkt sich das unterstützend auf das Gefühl, dass er etwas bewirken kann, aus. Somit hängen die Selbstwirksamkeit und der „locus of control" in diesem Punkt zusammen und beeinflussen sich gegenseitig. Ein „internal locus of control" begünstigt eine hohe Selbstwirksamkeit, ein „external locus of control" führt zu einer niedrigen Selbstwirksamkeit.[12] Es gibt weitere Modelle, welche eine inhaltliche Nähe zu diesen beiden psychologischen Konzepten aufweisen. Diese sind unter dem Begriff „Erwartung mal

---

[9] Vgl. Barouti (2020)
[10] Vgl. Barouti (2020)
[11] Vgl. Vannotti (2005), S. 37
[12] Vgl. della Picca/Spisak (2013), S.101

Wert Modelle" zusammengefasst.[13] Ein Modell hieraus ist das „Risikowahl-Modell" von Atkinson. Laut diesem Modell hängt die Anspruchsniveausetzung etwas zu tun davon ab, wie die Erfolgswahrscheinlichkeit und der Erfolgsanreiz sind. So konnte festgestellt werden, dass es nicht ausreicht, wenn entweder der Erfolg garantiert, ist die Aufgabe jedoch keinen hohen Wert hat, da sie sehr einfach ist oder die Aufgabe zwar sehr anspruchsvoll, also einen hohen Wert besitzt, ist Aber dafür keine großen Erfolgschancen ausgerechnet werden.

Die höchstmögliche Motivation empfindet ein Großteil der Menschen, wenn die Aufgab mittelschwer ist. Bei dieser Art Aufgabe ist der Erfolg recht wahrscheinlich und die Wertigkeit des Erfolgs hoch genug, um motivierend zu wirken.[14] Ähnlichkeit zum „locus of control" und der Selbstwirksamkeit besteht insofern, dass hier ebenfalls die Faktoren eine Rolle spielen, wie hoch die Chance eingeschätzt wird, dass die Aufgabe mit Erfolg durchgeführt werden kann und wie hoch der Wert des Erreichens des Ziels geschätzt wird. Der Unterschied ist, dass nicht berücksichtigt wird, ob die Motivation intrinsisch oder extrinsisch wirkt. Unterschieden wird bei diesem Modell anhand dessen, ob die Personen eher erfolgsmotiviert oder misserfolgsmotiviert sind. Es wird somit berechnet ob eher die erfolgssuchende Tendenz oder die misserfolgsmeidende Tendenz entscheidend ist. Setzt man sie in Zusammenhang kommt die Stärke der Motivation heraus.[15] Andererseits ist der erwartete Erfolg einer Person, welche der Ansicht des „internal locus of control" ist von ihr selbst beeinflussbar und somit wird sie ihn höher einschätzen. Dadurch wird die Erfolgswahrscheinlichkeit ihrer Meinung nach höher angesiedelt. Der Wert des erreichten Erfolges hängt dann davon ab, wie schwierig die Person die zu erfüllende Aufgabe einschätzt. Gewinnt sie den Eindruck, dass die Aufgabe für ihr eigenes Können und Wissen, welches sie sich angeeignet hat, weder zu leicht noch zu schwer ist wird sie die Aufgabe höchstwahrscheinlich mit großer Motivation durchführen.

---

[13] *Vgl. Rothgangel/Schüler (2010), S. 95*
[14] *Vgl. Hasselhorn/Gold (2009), S. 107*
[15] *Vgl. Rheinberg et al. (2012), S. 74*

Textteil zu Aufgabe B2

Emotionen spielen eine wichtige Rolle im Leben eines Menschen. Die erlebten Emotionen sind oftmals entscheidend, wie eine Situation in Erinnerung behalten wird. Die Emotionen, welche Menschen wahrnehmen sind somit von großem Interesse für sowohl die Wissenschaft als auch in der Praxis.[16]

Um diese zu erfassen existieren unterschiedliche Messmethoden. Dazu gehören Beobachtung, Befragung und Biopsychologische Methoden.[17] Die erste Methode, welche genauer betrachtet werden soll, ist die Beobachtung. Bei dieser Methode wird die Mimik des zu Beobachtenden genau untersucht. Es ist jedoch auch möglich, die Körperhaltung, die Stimmlage und die Art der Bewegung in die Beobachtung miteinzubeziehen. All diese Fragmente zeigen dem Beobachter, welche Emotionen der zu Beobachtende empfindet. Mit dem eigens dafür entwickelten Gesichtsbewegungs-Kodierungssystem von Paul Ekmann und Wallace Friesen können Bewegungseinheiten von Gesichtsmuskeln definiert werden.[18] Diese werden dann im Anschluss anhand einer fünfstufigen Skala auf ihre Intensität eingestuft. Diese Skala reicht von „angedeutet" bis „Höchstmaß". Hierbei steht jeweils ein Set von Bewegungseinheiten für eine bestimmte Basisemotion. Diese Methode hat sowohl Vorteile als auch Nachteile. Die Vorteile der Methode des Beobachtens sind, dass man eine Person beobachten kann, ohne, dass diese in ihrer Tätigkeit gestört wird oder dass sie es bemerkt. Es ist prinzipiell möglich diese Methode, ohne jegliche Hilfsmittel durchzuführen. Sie beinhaltet also keinen großen Aufwand in Bezug auf vorhandenes Material oder Vorbereitung und sie ermöglicht das Klassifizieren von unterschiedlichen Emotionen. Der Nachteil dieser Methode ist jedoch, dass der Beobachter eine falsche Emotion definiert. Außerdem gibt es Personen, deren Gesichter keine Emotionen widerspiegeln, wodurch die Möglichkeit der Beobachtung der Mimik entfällt.[19] Die zweite Methode der Emotionen-Messung ist die der Befragung. Hierbei ist entscheidend, wie diese geschieht. So besteht zum einen die Möglichkeit der direkten Befragung im Alltag ohne Hilfsmittel. Dies kann jedoch zu ungenauen oder oberflächlichen Antworten führen. Eine weitere Möglichkeit besteht in der Befragung

---

[16] Vgl. Georgi/Starcke (2021), S. 620
[17] Vgl. Georgi/Starcke (2021), S. 620-631
[18] Vgl. Döveling (2019), S. 66-67
[19] Vgl. Georgi/Starcke (2021), S. 620-621

durch standardisierte Fragebögen, wie beispielsweise die „Positive and Negative Affect Schedule" von Watson et al. (PANAS).[20] „Der Fragebogen enthält insgesamt 20 Adjektive, die eine aktuelle emotionale Befindlichkeit beschreiben. Davon beschreiben 10 Adjektive positive und 10 Adjektive negative emotionale Zustände."[21] Diese Adjektive sollen jeweils bewertet werden, wie stark sie die aktuellen empfundenen Emotionen des Befragten wiedergeben. Anschließend ergeben sie bei der Auswertung einen Mittelwert wie stark die positiven und die negativen Emotionen ausgeprägt sind. Hierbei werden die beiden Werte nicht miteinander verrechnet, sondern ergeben zwei separate Ergebnisse.[22] Der Fragebogen kann sowohl für eine Momentaufnahme als auch über einen längeren Zeitraum genutzt und ausgewertet werden. Eine weitere Möglichkeit der Befragung ist die der Befragung nach emotionsauslösenden Ereignissen. Hier werden die Probanden nach Situationen oder Dingen befragt, die bei ihnen eine bestimmte Emotion auslösen.[23] Die Methode des Befragens hat ebenfalls Vor- und Nachteile. Die Vorteile dieser Methode sind, dass bei der Befragung nicht wie bei der Beobachtung ein Beobachter entscheidet welche Emotionen nach außen hin sichtbar sind, sondern die Person selbst bewerten kann, wie stark sie welche Emotionen empfindet. Außerdem sind die Fragen so konzipiert, dass sie einfach zu beantworten und hoch standardisiert sind und somit eine leichte Auswertung ermöglichen. Zu guter Letzt können verschiedene Emotionen abgefragt werden. Die Methode birgt jedoch auch Nachteile, welche beim Einsatz der Methode berücksichtigt werden müssen. So ist es dem Probanden möglich, die Antworten zu verfälschen und seine Antworten so zu geben, wie er vermutet, dass er besonders positiv dargestellt wird. Außerdem ist es im Gegensatz zum Beobachten nicht möglich diese Methode durchzuführen, ohne dass der zu Beobachtende seine aktuelle Tätigkeit unterbrechen muss.[24]

Die dritte Methode der Messung von Emotionen ist die der biopsychologischen Methode. Diese Methode lässt sich untergliedern in mehrere Methoden, welche unter dem Begriff Biopsychologische Methoden zusammengefasst werden. Was sie alle miteinander gemein haben ist, dass anhand von körperlichen Reaktionen Schlussfolgerungen über emotionale Zustände gezogen werden sollen.[25] Die erste

---

[20] Vgl. Peluso/Freund (2019), S. 427
[21] Georgi/Starcke (2021), S. 622
[22] Vgl. Georgi/Starcke (2021), S. 622
[23] Vgl. Siebert-Adzic (2016), S. 61
[24] Vgl. Georgi/Starcke (2021), S. 622
[25] Vgl. Georgi/Starcke (2021), S. 622-623

Unterkategorie sind die peripherphysiologischen Methoden. Mit Hilfe dieser Methoden, werden Messungen am Körper des Menschen vorgenommen. Dadurch lassen sich emotionale Reize sowohl auf spezifische Situationen als auch über einen längeren Zeitraum messen.[26] Zu dieser Methode gehören die Elektrokardiografie, welches die Herzfrequenz misst. Das Herz schlägt nachweislich bei emotionaler Erregung schneller.[27] Eine weitere Methode dieser Kategorie ist die Messung des Blutdrucks. Dieser verändert sich ebenfalls in emotionalen Situationen. Er erhöht sich stark und kann somit als Messmethode herangezogen werden. Die dritte Methode, welche ebenfalls dieser Kategorie zuzuordnen ist, ist die Messung der elektrodermalen Aktivität. Dadurch, dass bei emotionaler Erregung durch das Gehirn Signale an das sympathische Nervensystem gesendet werden erhöht sich die Schweißproduktion. Diese Schweißflüssigkeit ist so aufgebaut, dass sie elektrische Leitung unterstützt, wodurch sie gemessen werden kann. Dies steuert wiederum zur Messung der Stärke einer Emotion bei.[28] Die nächsten Methoden messen die Emotionen einer Person anhand der Aktivitäten im Gehirn. Dafür gibt es die Methoden der Elektroenzephalografie, der Positronenemissionstomografie und der funktionellen Magnetresonanztomografie.[29] Mit Hilfe der Elektroenzephalografie (EEG) können Emotionen gemessen werden indem „[...] bestimmte Merkmale von EEG-Wellen bestimmten Emotionen zugeordnet werden, welche dann computergestützt ausgewertet werden können."[30] Die Positronenemissionstomografie kann dahingehend genutzt werden, um zu untersuchen, was von den Personen als Belohnung empfunden wird, nachdem festgestellt wurde, welche Bereiche des Gehirns aktiv sind, wenn diese Personen eine Belohnung erwarten.[31] Ähnlich ist dies bei der funktionellen Magnetresonanztomografie. Mit Hilfe dieser Methode kann ebenfalls über das Sichtbarmachen der Aktivierung gewisser Gehirnregionen nachgewiesen werden, dass bestimmte Emotionen vorhanden sind.[32] Eine weitere Methode stellt die der Hormonmessung dar. Bei dieser wird das Ausmaß des Vorhandenseins des Stresshormons Cortisol im Körper einer Person genutzt, um auf deren Erregungszustand rückzuschließen. Stress selbst ist keine Emotion hilft aber

---

[26] Vgl. Georgi/Starcke (2021), S. 623
[27] Vgl. Lieury (2013), S.263
[28] Vgl. Georgi/Starcke (2021), S. 625-626
[29] Vgl. Georgi/Starcke (2021), S. 627-629
[30] Georgi/Starcke (2021), S. 627
[31] Vgl. Georgi/Starcke (2021), S. 628
[32] Vgl. Georgi/Starcke (2021), S. 628-629

besagte Rückschlüsse zu bilden. Umso mehr Cortisol in den gemessenen Proben von z.B. Speichel nachgewiesen wird, umso höher ist das Erregungslevel der Person, was wiederum auf den emotionalen Zustand schließen lässt.[33] Eine Methode, welche wie die Hormonmessung keine direkten Messungen von Emotionen zulässt jedoch indirekt dazu beitragen kann ist das Eyetracking. Hierbei wird beobachtet wo ein Proband wie lange hinschaut. Dadurch kann Interesse beobachtet werden. Diese Methode wird in der jüngeren Forschung dafür verwendet, um „[...] Blickbewegungen von Patienten mit Emotionsregulationsstörungen zu erfassen."[34] Die biopsychologischen Methoden haben ebenfalls Vor- und Nachteile. Die Vorteile sind, dass eine Person ihre körperlichen Reaktionen nicht verfälschen kann, dies führt zu qualifizierten Ergebnissen. Außerdem können die Emotionen in dem Moment gemessen werden, in dem sie stattfinden, so können sie genau festgehalten werden und auch kleinste Veränderungen werden damit nicht übersehen.

Die Nachteile dieser Methoden sind, dass körperliche Reaktionen nicht immer nur einer Emotion zuzuordnen sind. So rast ein Herz wenn sich der Mensch übermäßig freut, das Herzrasen kann aber ebenso für Furcht stehen. Außerdem sind für diese Art der Messung teure Geräte erforderlich.[35] Die Messung von Emotionen im Zusammenhang mit bestimmten Ereignissen unterliegt einigen Problemen. Diese Probleme betreffen die Verfälschung der Ergebnisse und die Genauigkeit der Messung, welche von der Art der Dokumentation abhängig sein kann. Besonders wichtig ist die zeitnahe Dokumentation, dass die Erinnerung an sowohl das Ereignis als auch die Emotionen, welche empfunden wurden, möglichst verzerrungsfrei dokumentiert werden. Dies gelingt unterschiedlich gut und stellt damit das erste Problem in der Erfassung derselben dar. Wird dies nicht gewährleistet durch die falschen Dokumentationsmethoden oder die nicht kooperationsbereite Haltung der Probanden wird das Ergebnis leichter verfälscht. Die Zeitstichprobenmethode ist hier eine gute Wahl, da sie verhindert, dass der Proband den festgelegten Zeitpunkt nicht einhält oder von vorangegangenen Eintragungen beeinflusst wird was ebenfalls ein Problem wäre, dass die Erfassung verfälscht. Der Beurteilungszeitraum kann ebenfalls ein Problem darstellen. Wählt man diesen falsch so kann es sein, dass das gewünschte Ereignis und die dort empfundenen Emotionen nicht erfasst werden. So

---

[33] Vgl. Bensel/Haug-Schnabel/Martinet (2018), S.494
[34] Georgi/Starcke (2021), S. 631
[35] Vgl. Georgi/Starcke (2021), S. 631

bietet es sich an genau auf die Lebenssituation der Befragten zu achten, wenn beispielsweise die Emotionen bei einer Geburt dokumentiert werden sollen. Ereignisse sind zudem unterschiedlich emotionsspezifisch. Wird die falsche Methode der Emotionserforschung gewählt so kann es sein, dass nicht alle, in der Situation empfundenen, Emotionen erfasst werden, sondern lediglich eine bestimmte Emotion. Das kann beispielsweise bei der Methode geschehen, bei der spezifisch nachgefragt wird, in welchen Situationen der Proband eine gewisse Emotion empfunden hat. Hier erfährt der Forscher zum Beispiel nur, dass der Proband Freude beim Motorradfahren empfunden hat, dass er aber gleichzeitig ein gewisses Maß an Angst empfunden hat wird nicht erfasst. Somit ergibt sich kein komplettes Bild der Emotion bei diesem Ereignis. Dasselbe Problem entsteht, wenn lediglich nach einem positiven oder negativen Ereignis gefragt wird. Hier erfährt der Fragende ebenfalls nur sehr unspezifisch, dass das Ereignis positiv empfunden wurde. Jedoch nicht ob der Proband explizit Freude, Stolz oder ähnliches gespürt hat. Somit bleibt die Definition sehr ungenau und führt nicht zu einer umfassenden Erfassung des Ereignisses und der empfundenen Emotionen währenddessen. Weitere Probleme, welche bei der Erfassung von Ereignissen und Emotionen auftreten entstehen auf Grund der retrospektiven Erfassung. Das selektive Erinnern beschreibt das Phänomen, dass umso länger ein Ereignis zurückliegt, um so größere Erinnerungslücken entstehen und die Genauigkeit bei der Beschreibung abnimmt und gewisse Dinge komplett verdrängt werden.[36] Je nachdem wie prägend diese Ereignisse waren werden entweder nur die positiven oder besonders traumatische Aspekte erinnert. Des Weiteren gibt es das Problem der Fokussierungsillusion, bei der durch die Art wonach und die Reihenfolge der Fragen beeinflusst wird, wie etwas erinnert und wiedergegeben wird.[37] Auch diese Methoden weißen sowohl Vor- als auch Nachteile auf.[38] Betrachtet man die verschiedenen Messmethoden unter dem Aspekt der Verfälschungsmöglichkeit so besteht sowohl bei den Beobachtungsmethoden, als auch bei den Befragungsmethoden die Gefahr, dass die Ergebnisse verfälscht sein könnten. Bei den Beobachtungsmethoden durch eine Fehleinschätzung des Beobachtenden, das Nicht-Vorhandensein von Mimik bei der Person, die beobachtet wird oder das bewusste Verstellen der Mimik, um sich die Emotionen nicht anmerken zu lassen,

---

[36] Vgl. Kotler/Armstrong/Wong/Saunders (2011), S. 292
[37] Vgl. Schmidt-Atzert/Peper/Stemmler (2014)
[38] Vgl. Georgi/Starcke (2021), S. 621, 622, 631

sofern die Beobachtung nicht heimlich geschieht. Bei der Befragungsmethode kann die Verfälschung durch bewusste oder unbewusste Falschaussagen des Befragten zustande kommen. Dieses Problem besteht bei der biopsychologischen Methode nicht oder nur sehr gering, da die körperlichen Reaktionen nicht derart beeinflussbar sind. Im Punkt der Verfälschungsmöglichkeit sind die biopsychologischen Methoden somit die beste Variante. Ein weiterer wichtiger Aspekt bei der Analyse der bestmöglichen Methode ist, welche technischen Hilfsmittel und welcher finanzielle Aufwand für die einzelnen Methoden von Nöten sind.

Die Beobachtungsmethode ist je nach Art der Umsetzung ohne jegliche Art von technischen Hilfsmitteln durchführbar. Es benötigt nur eine Person, welche die Beobachtung durchführt und die zu beobachtende Person(en). Zur Befragungsmethode werden standardisierte Fragebögen benötigt, was jedoch vergleichsweise günstig und falls diese schon vorhanden sind einfach zu verwenden und zu verteilen ist. Somit sind auch hier wenig technische Hilfsmittel und ein geringer finanzieller Aufwand gegeben. Am meisten technische Hilfsmittel und somit auch den höchsten finanziellen Aufwand benötigen die biopsychologischen Methoden, da hier die Geräte zur Messung von beispielsweise Hirnaktivitäten, Herzschlag usw. gebraucht werden, um die Messungen durchführen zu können. In diesem Punkt schneiden die biopsychologische Messmethoden am schlechtesten ab. Die beiden anderen Methoden sind etwa gleich unproblematisch angesiedelt. Ein weiterer Punkt in dem sich die Methoden hinsichtlich der Vorteile und Nachteile unterscheiden ist, ob der Person bewusst ist, dass sie hinsichtlich ihrer Emotionen beobachtet wird und ob sie dafür ihre Tätigkeiten unterbrechen muss oder bestimmte Maschinen an ihren Körper angeschlossen werden. Bei der Methode der Beobachtung ist dieser Punkt ein Vorteil. Die Person, die beobachtet wird kann ihre Tätigkeiten weiter fortführen, ohne unterbrochen zu werden oder durch das Tragen eines Gerätes beeinflusst zu werden. Außerdem kann die Beobachtung zu einem Zeitpunkt stattfinden, an dem es der Person nicht bewusst ist, was ebenfalls dafür sorgt, dass die Emotionen, sowohl die empfundenen als auch die gezeigten, nicht dadurch verfälscht werden, dass die Person von der Beobachtung weiß.

Bei der Befragungsmethode muss hingegen die Tätigkeit unterbrochen werden, um beispielsweise einen Fragebogen auszufüllen. Bei den biopsychologischen Methoden kann die Tätigkeit bei einer Auswahl davon normal weitergeführt werden, jedoch wird ein technisches Gerät am Körper getragen, was die Person ebenfalls in ihrem Empfinden beeinflussen kann. So könnte es sein, dass sie die Tatsache, dass sie ein Elektrokardiogramm (EKG)[39] trägt und ihre Herzschlagfrequenz aufgezeichnet wird nervös macht und sie so bei einer, für sie normalerweise entspannten, Tätigkeit Nervosität zeigt. Was diesen Aspekt betrifft so ist die Beobachtungsmethode in diesem Punkt die Beste.

Der abschließende, jedoch ein sehr entscheidender Aspekt ist, wie differenziert die Emotionen mit Hilfe der einzelnen Messmethoden nachgewiesen und gemessen werden können. Bei der Beobachtungsmethode ist es möglich anhand der Mimik, Körperhaltung etc. verschiedene Emotionen zu beobachten und zu klassifizieren. Dasselbe gilt für die Befragungsmethode auch hier können verschiedene Emotionen explizit abgefragt werden. Bei den biopsychologischen Methoden hingegen können zwar die einzelnen körperlichen Reaktionen sehr genau erfasst werden und kleinste Änderungen festgestellt werden, es ist jedoch nicht möglich anhand von ihnen festzumachen, welche Emotion genau stattfindet. Das Herz kann sowohl vor Angst als auch vor Freude schneller schlagen. Somit sind in diesem Punkt die Beobachtungs- und die Befragungsmethode diejenigen bei denen die Vorteile überwiegen, bei den biopsychologischen Methoden jedoch die Nachteile.[40]

Die beste Methode zum Messen von Emotionen wäre eine Kombination aus Befragungsmethoden und biopsychologischen Methoden. Dies kann zum Beispiel dadurch umgesetzt werden, dass zunächst in der zu beobachtenden Situation bei der Person mit Hilfe einer „Smartwatch" die Herzfrequenzen gemessen werden und sie im Anschluss anhand eines Fragebogens die in der Situation empfundenen Emotionen bewerten soll.

Textteil zu Aufgabe B3

Glück ist eine Emotion, nach der die Menschen streben. Es ist eine wünschenswerte Emotion. Aufgrund dessen geht die Forschung stets der Frage nach, was Glück ist, was Menschen glücklich macht und welche Auswirkungen

---

[39] Vgl. Gesenberg/Voigt (2017), S. 26
[40] Vgl. Georgi/Starcke (2021), S. 621-631

Glück hat. „Psychologen betrachten Glück als eine extrem starke positive Emotion, als einen vollkommenen, dauerhaften Zustand intensivster Zufriedenheit."[41] Diese Emotion wird empfunden, wenn im Gehirn das Glückshormon Dopamin ausgeschüttet und weitergeleitet wird.[42] Dies hat zur Folge, dass ein angenehmes Gefühl, genannt Glück auftritt und das Gehirn gleichzeitig besser und schneller arbeitet. Somit wird ein positiver Zusammenhang zwischen dem Erlebten und dem Gefühl des Glücks hergestellt.[43] Glück ist außerdem ein Zustand, in dem sich der Mensch in absoluter Harmonie mit seinem Tun und Empfinden befindet und alles um sich herum vergessen kann. Diese besondere Art wird auch unter dem Begriff „Flow" definiert.[44] Glück hängt außer mit Dopamin noch mit anderen Hormonen und deren Vorhandensein oder Verringerung zusammen. Je nach Art des Glücks ist dies ein Zusammenspiel und Wirken von verschiedenen Hormonen geschuldet. Dopamin und Endorphin stellen Belohnung in Aussicht beziehungsweise können eine regelrechte Euphorie für etwas entwickeln. Diese Hormone sind am „Glück des Wollens" beteiligt. Ein sinkender Cortisol- beziehungsweise Adrenalinspiegel sorgt für Entspannung, nachdem eine bedrohliche Situation vermieden oder erfolgreich überstanden wurde und sind Anteile des „Glücks der Vermeidung". Morphin und Serotonin sorgen für Zufriedenheit und Beruhigung und sind Teile am „Glück des Daseins". Das Vorhandensein von Oxytocin sorgt dafür, dass ein Mensch sich anderen Menschen nahe und verbunden fühlt, was wiederum zum Empfinden des „Glücks der Bindung" sorgt.[45] Nach der Betrachtung der nötigen Gegebenheiten in der Neurologie nun die Punkte, welche einen Menschen glücklich machen. Das Glück ist eine Emotion, welche nicht stets auf gleichem Level erhalten bleibt, sondern nach einer gewissen Zeit abflaut. Um erneut Glück zu empfinden, braucht der Mensch eine weitere Situation, welche ihn in diesen Zustand versetzt. Laut psychologischer Forschung eignen sich gewisse Situationen und Erlebnisse besonders gut, um ein Mensch in ein Glücksgefühl zu versetzen. So ist es wichtig für die Menschen, dass sie gute soziale Beziehungen pflegen. Dies kann zu Angehörigen aber auch zu Freunden sein. Ziele, die sich ein Mensch setzt, sollten realistisch erreichbar sein. So sorgen sie beim darauf hinarbeiten und beim Erreichen für Glücksgefühle. Egal, was der Mensch erlebt sollte er stets das große Ganze im

---

[41] *Stangl (2021)*
[42] *Vgl. Prieß (2017), S. 179*
[43] *Vgl. Stangl (2021)*
[44] *Vgl. Stangl (2021)*
[45] *Vgl. Stangl (2021)*

Blick behalten und bei aktuell schwierigen Situationen die ferner gelegenen Situationen nicht vergessen, welche ihn wieder glücklich machen werden. Außerdem hilft es den Menschen, wenn sie ihre eigenen Bedürfnisse und Fähigkeiten stets im Blick behalten und diese nutzen und befriedigen, da dies ebenfalls zu glücklichen Gefühlen führt.[46] Die Strömung der Positiven Psychologie befasst sich ausgiebig mit dem Konstrukt des Glücks. Glück wird in dieser Strömung als subjektives Wohlbefinden definiert.[47] Das subjektive Wohlbefinden bleibt ansatzweise stabil und hängt unter anderem mit Persönlichkeitsfaktoren zusammen. Menschen, die sich selbst positiv einschätzen und in positiven Lebensgemeinschaften leben, erleben höheres Wohlbefinden als Menschen, die dies nicht haben.[48] Es gibt zudem kulturelle Unterschiede zwischen den Menschen, was bei ihnen ein hohes subjektives Wohlbefinden auslöst. So ist es nachweislich nicht möglich Tests, die entwickelt wurden, um das Vorhandensein des Glücks in westlichen Gebieten zu erfassen im asiatischen oder afrikanischen Raum einzusetzen, da die Menschen dort eine andere Auffassung und ein anderes Empfinden von Glück haben.[49] Wichtig für das subjektive Wohlbefinden sind sowohl die emotionale Komponente, als auch die kognitive Komponente.

Es reicht somit nicht wenn bei einem Menschen die positiven Gefühle überwiegen, er muss auch mit seinen Lebensbedingungen zufrieden sein, um ein hohes Wohlbefinden zu empfinden.[50] Auch die Art, was ein Mensch fühlt, wenn er Glück spürt ist von Mensch zu Mensch unterschiedlich. So bekommt der eine ein „Kribbeln im Bauch", beim nächsten schlägt das Herz schneller. Wiederum muss der eine lachen und der andere hat vor Glück Tränen in den Augen, so genannte Glückstränen.[51] Die Auswirkungen von Glück sind weitreichend. Glück hat positive Auswirkungen auf die Gesundheit und auf den Arbeitsalltag. Diese positiven Auswirkungen schlagen sich ebenfalls in der Lebensqualität nieder. Sie ist höher, wenn man Zufriedenheit wahrnimmt, was wiederum aus Glücksempfinden entsteht. Ein glücklicher Mensch nimmt aktiver am Leben teil. Durch das eigene Glück und die dadurch abwesende Sorge um sich selbst kann der Mensch eine höhere Sensibilisierung für das Glück

---

[46] Vgl. Stangl (2021)
[47] Vgl. Blickhahn (2018)
[48] Vgl. Blickhahn (2018)
[49] Vgl. Stangl (2021)
[50] Vgl. Blickhan (2018)
[51] Vgl. Stangl (2021)

seiner Mitmenschen empfinden. Somit nimmt er die Sorgen seiner Mitmenschen ausgiebiger wahr und wird von ihnen dadurch als empathischer wahrgenommen. Außerdem steigert sich bei glücklichen Menschen das Selbstbewusstsein, sie entwickeln ein ausgeprägteres Selbstbild was ihnen eine eindeutigere Identität gibt. Ein Mensch der glücklich ist, ist mit sich selbst im Reinen. Dies wirkt sich ebenfalls positiv im Arbeitsumfeld aus. Er hat eine gesteigerte Kreativität und ist produktiver. Durch die stärker ausgeprägte Kreativität und Produktivität ist er im Arbeitsleben erfolgreicher. Somit kann man sagen, dass das Glück die Lebensqualität allgemein steigert und für ein gutes Leben sorgt.[52]

---

[52] *Vgl. diepsyche.de*

Literaturverzeichnis

Bücher/Monografien

Aronson, E./Wilson, T. D./Akert, R. M. (2008), Sozialpsychologie, 6., Aktualisierte Aufl., München.

Barouti, I. (2020), Selbstwirksamkeit aufbauen: Wie Sie Herausforderungen aus eigener Kraft bewältigen, 2. Aufl., Freiburg.

Blickhan, D. (2018), Positive Psychologie: Ein Handbuch für die Praxis, 2., überarbeitete Aufl., Paderborn.

Gerrig, R.J./Zimbardo, P.G. (2008), Psychologier,18., aktualisierte Aufl.,München.

Gesenberg S./Voigt I. (2017), Pflegewissen Kardiologie, Heidelberg.

Haußer, K. (1995), Identitätspsychologie, Heidelberg.

Kotler, P./Armstrong, G./Wong, V./Saunders, J. (2011), Grundlagen des Marketing, 5. Aktualisierte Aufl., München.

Lieury, A. (2013), Die Geheimnisse unseres Gehirns, 1. Aufl., Berlin.

Rheinberg, F./Vollmeyer, R./Leplow, B./Selg, H. (2012), Motivation, 8., aktualisierte Aufl., Stuttgart.

Rothgangel, S./Schüler, J. (2010), Kurzlehrbuch medizinische Psychologie und Soziologie, 2., überarbeitete Aufl., Stuttgart.

Schmidt-Atzert, L./Peper, M./Stemmler, G. (2014), Emotionspsychologie: Ein Lehrbuch, 2., vollständig überarbeitete und erweiterte Aufl., Stuttgart.

Siebert-Adzic, M. (2016), Die Bedeutung von Emotionen im Führungskontext, 1. Aufl., Kassel.

Ulich, E./Wülser, M. (2009), Gesundheitsmanagement in Unternehmen: Arbeitspsychologische Perspektiven, 3., überarbeitete und erweiterte Aufl., Wiesbaden.

Vannotti, M. (2005), Die Zusammenhänge zwischen Interessenkongruenz, beruflicher Selbstwirksamkeit und verwandten Konstrukten: empirische Annäherung verschiedener Variablen der Berufswahl- und Laufbahntheorien sowie Überprüfung der Kongruenz-Hypothese von Holland, 1. Aufl., Göttingen.

Buchbeiträge/Artikel in Sammelwerken

Beckmann, J./Heckhausen, H. (2010), Motivation durch Erwartung und Anreiz. In: Heckhausen, J./Heckhausen, H. (Hrsg.), Motivation und Handeln. 4., überarbeitete und erweiterte Aufl., Heidelberg, S. 135-136

Bensel, J./Haug-Schnabel,G./Martinet, F. (2018), Forschungsstand. In: Schmidt, T./Smidt, W. (Hrsg.), Handbuch empirische Forschung in der Pädagogik der frühen Kindheit, 1. Aufl., Münster, S. 494

Della Picca, M./Spisak, M. (2013), Psychologische Grundlagen für Führungskräfte. In: Steiger, T./Lippmann, E. (Hrsg.), Handbuch Angewandte Psychologie für Führungskräfte: Führungskompetenz und Führungswissen, 4., vollständig überarbeitete Aufl., Berlin, S. 101

Döveling, K. (2019), Emotionen. Eine interdisziplinäre Verortung. In: Lobinger, K. (Hrsg.), Handbuch Visuelle Kommunikationsforschung, Wiesbaden, S. 66-67

Georgi, R./Starcke, K. (2021), Emotionstheorien. In: Ronft, S. (Hrsg.), Eventpsychologie Veranstaltungen wirksam optimieren: Grundlagen, Konzepte, Praxisbeispiele, Wiesbaden, S. 620-632

Hasselhorn, M./Gold, A. (2009), Erfolgreiches Lernen als gute Informationsverarbeitung. In: Hasselhorn, M./Heuer, H./Rösler, F. (Hrsg.), Pädagogische Psychologie: Erfolgreiches Lernen und Lehren, 2., durchgesehene Aufl., Stuttgart, S. 107

Peluso, P.R./Freund, R.R. (2019), Emotional Expression. In: Norcross, J.C./Lambert, M.J. (Hrsg.), Psychotherapy Relationships That Work, Band 1, third edition, New York, S. 427

Prieß, A. (2017), Die 9 Rollen des Managers. In: Prieß, A. (Hrsg.), Der erfolgreiche Manager: Kompaktes Wissen und Neurowissenschaft für 9 Rollen im Management, 1. Aufl., Freiburg, S. 179

Internet

Diepsyche.de (2021). Die positiven Auswirkungen von Glück auf Persönlichkeit und Erleben. https://diepsyche.de/die-positiven-auswirkungen-von-glueck-auf-persoenlichkeit-und-erleben/ Abgerufen am 20.02.2021

Stangl, W. (2021). Glück. Lexikon für Psychologie und Pädagogik. https://lexikon.stangl.eu/16980/glueck , Abgerufen am 20.02.2021

BEI GRIN MACHT SICH IHR WISSEN BEZAHLT

- Wir veröffentlichen Ihre Hausarbeit,
  Bachelor- und Masterarbeit

- Ihr eigenes eBook und Buch -
  weltweit in allen wichtigen Shops

- Verdienen Sie an jedem Verkauf

Jetzt bei www.GRIN.com hochladen
und kostenlos publizieren